평범한 우리 어린이들을 다음 세대
위인으로 만들어 줄 교과서 위인 이야기!
효리원의 교과서 위인 이야기는 초등학교
교과 과정에 나오는 국내외 위인들을, 우리나라
최고 아동 문학가 53인이 재미있게 동화로 구성했습니다.
지혜와 용기로 위대한 삶을 산 위인들의 이야기는,
어린이들의 마음속에 '나도 할 수 있다.'는
희망의 씨앗을 심어 줄 것입니다!

일러두기

1. 띄어쓰기와 맞춤법 : 초등학교 국어 교과서와 국립국어원의 『표준국어대사전』을 기준으로 하였습니다.
2. 외래어 지명과 인명 : 국립국어원의 『외래어 표기 용례집』을 기준으로 하였습니다.
3. 이해가 어려운 단어 : ( ) 안에 뜻풀이를 하였습니다.
4. 작가 연보 : 연도와 함께 나이를 표기하고, 업적을 간략히 소개하였습니다. 우리나라 위인은 태어난 해를 한 살로 하였고, 외국 위인은 만 나이를 한 살로 하였습니다. 정확한 자료가 없는 위인은 연도와 업적만을 나타냈습니다.
5. 내용 구성 : 위인의 삶은 역사적 자료를 바탕으로 최대한 사실적으로 구성하였습니다. 그러나 읽는 재미를 위해 대화 글이나 배경 묘사, 인물의 감정 표현 등에 작가의 상상력을 가미하였습니다.
6. 그림 구성 : 문헌을 바탕으로 위인이 살던 시대를 충실히 나타내도록 하되 복식의 색상이나 장식, 소품, 건물 등은 작가의 상상으로 그렸습니다.
7. 내용 감수 : 각 분야의 전문가들로 구성된 편집 위원들이 꼼꼼히 감수를 하였습니다.

편집 위원

김용만(우리역사문화연구소장)
교과서에서 만나는 위인들을 중심으로 일화와 함께 그림과 사진을 곁들여 지루하지 않게 읽을 수 있습니다. 술술 읽다 보면 학교 공부에도 많은 도움이 될 것입니다.

신현득(동시인, 전 새싹회 회장)
우리가 자주 듣고 접하는 역사 속 실존 인물들이 자신의 꿈을 이루기 위해 어떻게 노력했는지 깨달아 가면서 우리 어린이들은 한층 더 성숙해질 것입니다.

윤재운(동북아역사재단 연구위원)
위인전을 읽으면서 어린이들은 시대를 넘어 간접 체험을 할 수 있습니다. 어떻게 살아야 하는지 인생에 대한 동기 부여와 함께 삶이 보다 풍요로워질 것입니다.

이은경(철학 박사, 전북과학대 유아교육학과 교수)
한 사람의 인격과 품성은 어릴 때 형성됩니다. 따라서 초등학교 저학년 때 어떤 책을 읽느냐에 따라 생각의 크기가 달라집니다. 어린이의 미래를 위해 이 책은 꼭 읽어야 합니다.

이창열(하버드 물리학 박사, 전 국가과학기술자문회의 전문 위원)
세상을 바꾼 위대한 인물의 이야기는 어린이의 인성 및 감성 발달에 큰 영향을 미칠 뿐 아니라 실험 정신과 개척 정신을 길러 줍니다. 용기와 지혜로 세상을 헤쳐 나가는 당당한 어린이를 꿈꾼다면 이 책은 꼭 한번 읽어 보아야 합니다.

정재도(한글학자)
위인으로 일컬어지는 이들은 어떤 생각을 하고, 어떤 삶을 살았을까요? 그들의 흔적을 담은 위인전은 복잡한 현대를 이끌어 갈 우리 어린이들에게 나침반과 같은 역할을 할 것입니다.

조수철(서울대학교 의과대학 소아정신과 교수)
위인전은 시대와 신분, 업적이 다른 위인들의 삶이 다양하고 흥미롭게 구성되어 있어 손쉽게 여러 삶의 모습을 만날 수 있습니다. 용기 있게 고난을 헤쳐 나간 위인의 이야기를 통해 삶의 지혜를 배울 수 있을 것입니다.

역사상 가장 넓은 땅을 차지했던 왕
광개토 태왕

신현배 글 / 김태현 그림

이 책을 읽는 학부모님과 선생님께

요즘 중국은 '고구려의 역사는 중국 역사의 일부'라고 주장하며 역사를 왜곡하고 있습니다.

이런 때일수록 우리는 고구려의 역사를 제대로 알아야 하고, 고구려에서 중국으로 뻗어 나간 광개토 태왕이 누구인지 확실히 알아야 합니다. 그래야만 중국이 우리 역사를 넘보지 못하고, 엉뚱한 생각을 하지 않게 될 테니까요.

따라서 이 책을 읽는 어린이들에게 이런 문제와 관련하여, 고구려의 역사와 광개토 태왕에 대해 알기 쉽게 설명해 주십시오.

어린이들에게는 우선 본문 내용을 알게 하고 이해시키는 것이 중요합니다.

머리말

옛날에 우리나라는 그렇게 작지 않았습니다.

고구려 때만 하더라도 우리나라 땅은 한반도뿐만 아니라 만주를 모두 차지할 만큼 넓었습니다. 이렇게 땅을 크게 넓혀 고구려를 큰 나라로 만든 것이 광개토 태왕입니다.

광개토 태왕은 용기와 지혜가 있었을 뿐 아니라, 누구보다도 꿈이 많은 사람이었습니다. 열여덟 살의 어린 나이로 왕위에 올라, 거대한 대제국을 꿈꾸며 나라와 백성을 위해 자신의 모든 것을 바쳤습니다. 그리하여 우리 역사에 길이 남을 임금이 될 수 있었습니다.

아무쪼록 이 책을 읽고, 넓은 세상으로 나가 자신의 꿈을 펼치는 어린이 여러분이 되기 바랍니다.

글쓴이 신현배

차례

이 책을 읽는 학부모님과 선생님께 6

머리말 8

관미성을 빼앗아라 10

백제, 무릎을 꿇다 19

고구려 5만 대군, 신라를 구하다 34

대륙의 강자 후연을 물리치다 45

대제국을 남기고 62

광개토 태왕의 삶 71

읽으며 생각하며! 72

관미성을 빼앗아라

고구려 제19대 광개토 태왕은 391년 왕위에 오르자마자 강한 군대를 만드는 데 온 힘을 기울였습니다. 무기를 만들고, 군사들을 밤낮없이 훈련시켰습니다. 그렇게 일 년을 보내자 고구려 군대는 최강의 군대가 되었습니다. 이제는 어떠한 적이라도 쳐부술 자신이 있었습니다.

'으음, 선왕들의 원한을 풀어 드릴 때가 된 것 같구나. 처음 상대는 백제다.'

광개토 태왕은 지도를 펼쳐 놓고 중얼거렸습니다.

백제는 고구려로 자주 쳐들어왔습니다. 371년에는 평양성을 공격하여, 광개토 태왕의 할아버지인 고국원왕의 목숨까지 빼앗았습니다.

392년 7월, 광개토 태왕은 4만 명의 군사를 거느리고 백제를 쳤습니다. 그리하여 석현성(지금의 황해도 재령, 평산 근처) 등 10여 개의 성을 빼앗았습니다.

또한 9월에는 북쪽의 거란을 쳐서 거란 사람 5백 명을 사로잡았을 뿐 아니라, 고구려가 거란에 빼앗겼던 고구려 백성 1만 명을 데리고 돌아왔습니다. 광개토 태왕은 두 번의 전쟁을 승리로 이끌었지만, 그것에 만족하지 않았습니다.

"다시 백제를 쳐서 백제의 도성인 한성(지금의 서울 강동구)을 점령할 것이다. 한성을 점령하려면 우선 관미성(지금의 강화도)을 빼앗아야 한다. 관미성만 손아귀에 넣는다면 한성까지 쉽게 쳐들어갈 수 있다."

392년 10월, 광개토 태왕은 군사를 일으켰습니다.

싸움배 300여 척에 고구려의 대군을 나눠 실은 뒤, 일곱 길로 나누어 관미성을 공격했습니다.

"관미성을 빼앗기면 안 된다! 죽을 힘을 다해 지켜라!"

백제군은 끈질기게 방어했습니다. 백성들까지 나서서 고구려군에게 돌을 던지고 뜨거운 물을 퍼부었습니다.

20일 가까이 되었는데도 관미성은 함락되지 않았습니다. 오히려 고구려군이 지쳐 있었습니다.

'도저히 안 되겠다. 작전을 바꾸어야겠어.'

광개토 태왕은 총사령관인 마창 장군을 불렀습니다.

"그대는 용감하고 날쌘 군사 열 명을 뽑아라. 그래서 밤이 되면 어둠을 틈타 성 밑으로 다가가, 불 붙인 솜방망이를 성 안으로 던져 넣게 하라. 그리하여 성이 불길에 휩싸이면 모든 군사가 성을 공격하도록 한다."

날이 저물었습니다. 칠흑 같은 어둠이 몰려오자, 특공대원(기습 공격을 하기 위하여 특별히 훈련된 사람)들은 광개토 태왕의 작전대로 배를 타고 성 밑으로 다가갔습니다. 그들은 기름 묻힌 솜방망이를 꺼냈습니다. 그리고 그 솜방망이에 불을 붙여 다 같이 성 안으로 던져 넣었습니다. 성에서 불이 솟아올랐습니다.

"불이야! 불이야!"

백제 군사들은 여기저기 불길이 치솟자 정신을 차릴 수 없었습니다. 불을 끄려고 이리저리 몰려다녔습니다. 광개토 태왕은 불길에 휩싸인 관미성을 배에서 지켜보다가 명령을 내렸습니다.

"지금이 기회다. 총공격하라!"

고구려군은 일제히 불화살을 쏘며 배를 상륙시켰습니다. 그러고는 배에서 내려 성벽에 사다리를 걸친 뒤, 사다리를 타고 성 안으로 들어갔습니다.

"와아아! 와아아!"

"한 놈도 빠짐없이 해치워라!"

불을 끄느라 기운을 쏙 뺀 백제 군사들은 고구려 군의 칼날 앞에 힘없이 쓰러졌습니다.

"와, 우리가 이겼다! 대왕마마 만세!"

관미성을 점령한 고구려 군사들은 함성을 질렀습니다.

무용총 수렵도 | 중국 둥베이 지린 성 지안 현 퉁거우에 있는 고구려 고분 벽화입니다. 생동감 있는 묘사로 고구려인의 활달한 기상을 잘 나타냈습니다.

백제가 자랑하던 관미성은 그렇게 무너졌습니다. 고구려군이 공격을 시작한 지 꼭 20일 만이었습니다.

그 당시 백제의 왕은 제16대 진사왕이었습니다.

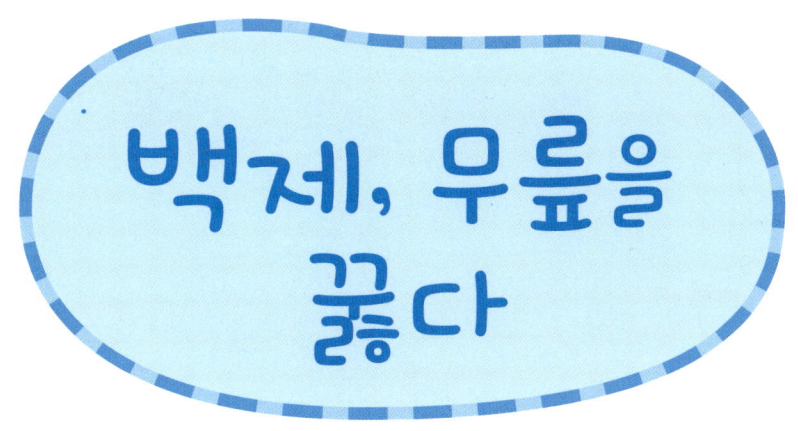

고구려군에게 관미성마저 빼앗기자, 백제의 백성들 사이에서는 진사왕에 대한 원망의 소리가 높았습니다.

"지금의 임금은 나라와 백성을 지킬 힘이 없다. 백제의 장래를 생각한다면 임금을 갈아 치워야 한다."

진사왕의 조카 아신은 이렇게 말하며, 392년 11월 진사왕을 죽이고 스스로 왕위에 올랐습니다.

이 사람이 제17대 아신왕입니다.

아신왕은 자신의 외삼촌인 진무 장군을 백제군의 총사령관

으로 임명했습니다.

"진무 장군, 1만 군사를 내줄 테니 빼앗긴 관미성을 되찾아 주시오."

진무는 아신왕의 명을 받고 393년 군사를 이끌고 관미성을 치러 떠났습니다.

그러나 고구려군이 성문을 굳게 닫고 방어만 하여, 도저히 성을 빼앗을 수 없었습니다. 게다가 보급 물자를 실은 배가 기습을 당하여, 더 이상 싸울 수가 없었습니다.

"무기와 식량이 떨어졌으니 할 수 없구나. 후퇴하라!"

진무는 그 뒤에도 여러 번 고구려를 공격했습니다. 하지만 그때마다 번번이 고구려군에게 패하고 말았습니다.

"에잇, 멍청한 놈들! 내가 직접 나서야겠다."

395년 아신왕은 군사를 거느리고 청목령(지금의 개성)을 치러 떠났습니다.

이 소식을 들은 광개토 태왕은 자신만만하게 말했습니다.

"100만 대군이 온다고 해도 우리 성을 함락시키진 못한다.

두고 봐라."

당시는 한겨울이었습니다. 청목령에 다다른 백제군은 눈보라와 추위 앞에 기운을 잃었습니다.

고구려군이 덮치자, 백제 군사들은 싸우기는커녕 달아나기 바빴습니다. 고구려군의 승리였습니다.

광개토 태왕은 곧 강추위가 오리라는 것을 미리 알았습니다. 그래서 백제군의 패배를 점쳤던 것입니다.

396년 7월, 광개토 태왕은 백제를 치려고 군사를 일으켰습니다.

"우리는 오늘 백제를 치기 위해 떠난다. 우리 조상들이 백제 땅에 흘린 피가 헛되지 않도록 용감히 싸워 주기 바란다!"

"와와! 고구려 만세!"

고구려 군사들은 함성을 질러 답을 했습니다.

마창 장군이 이끄는 5천의 기병 부대가 먼저 출발했으며, 2만의 보병 부대가 그 뒤를 따랐습니다.

광개토 태왕과 미금 장군은 3백여 척의 싸움배를 거느리고

한강으로 향했습니다.

고구려군의 사기는 하늘을 찌를 듯이 높았습니다.

백제의 국경을 넘은 지 며칠 만에 백제의 성들이 차례로 무너졌습니다.

모로성(경기도 용인), 미추성(지금의 인천), 공모성(경기도 연천), 모수성(경기도 양주) 등 58개의 성과 700개의 고을이 고구려 손에 넘어간 것입니다.

"오, 저기가 바로 백제의 도성인 한성이구나!"

광개토 태왕은 수군을 강기슭에 상륙시키며 감격스러워했습니다.

용감 무쌍한 기병 부대와 보병 부대가 도착하여 한성을 몇 겹으로 에워쌌습니다. 광개토 태왕은 한성을 바라보며 미금 장군에게 말했습니다.

"내가 항복을 권하는 편지를 써 줄 테니 한성에 사신을 보내라. 공연히 죄 없는 백성들의 피를 흘리게 하고 싶진 않구나."

광개토 태왕은 막사(군대가 머무는 건물)에서 편지 한 통을 썼

습니다.

그리고 그 편지를 미금 장군에게 주었습니다.

편지를 받아 읽은 아신왕은 얼굴을 찡그렸습니다.

"피를 보기 싫으니 항복하라고?"

어전에는 대신들이 모여 있었습니다.

대신들은 얼굴이 하얗게 질렸습니다.

"고구려 왕은 우리가 항복하지 않으면 마지막 한 사람까지 피를 보게 하겠다고 했습니다. 백성들을 생각한다면 항복하는 것이 좋을 듯싶습니다."

대신 한 사람이 항복을 주장하자, 다른 대신이 반대를 하고 나섰습니다.

"안 됩니다. 싸워 보지도 않고 한성을 내주다니요? 왜 그런 치욕스러운 짓을 하려고 합니까?"

조정 대신들은 항복하자는 쪽과 싸우자는 쪽으로 나누어졌습니다. 서로 양보할 줄 모르고 팽팽히 맞섰습니다.

아신왕은 침통한 표정으로 앉아 있다가 무겁게 입을 열었습니다.

"우리는 고구려를 이길 힘이 없다. 당장 맞붙어 싸운다면 질 것이 뻔하다. 백성들의 피를 흘리게 하는 이런 싸움은 뭐 하러 하는가? 나는 항복을 택하겠다. 그렇지만 다시 세력을 키워 훗날 반드시 복수할 것이다."

아신왕은 이렇게 말한 뒤 시종들에게 명하였습니다.

"고구려 왕을 만나러 갈 것이다. 예물을 준비하라."

아신왕은 수레에 베 1천 필을 싣고 성문을 나섰습니다. 저만치 고구려 진영이 보였습니다. 오색 깃발이 펄럭이고 있었습니다.

아신왕은 광개토 태왕 앞에 무릎을 꿇었습니다. 그리고 머리를 조아리며 말했습니다.

"그동안 자꾸 괴롭혀 죄송합니다. 항복하겠습니다. 앞으로는 대왕님의 뜻을 받들어 대왕님의 신하가 되겠습니다. 그런 뜻에서 베 1천 필을 바치고, 저의 아우와 대신 열 명, 그리고 백성 1천 명을 고구려에 볼모로 보내겠습니다."

광개토 태왕이 말했습니다.

"알겠소. 그대가 잘못을 깨달은 줄 알고 이만 물러가겠소. 만일 또다시 우리 고구려를 넘보고 싸움을 걸어온다면 그때는 용서하지 않을 것이오."

"명심하겠습니다."

아신왕은 광개토 태왕 앞에 허리를 굽신거렸습니다.

광개토 태왕은 군사를 거두어 고구려로 향했습니다. 그는 하늘을 우러러보며 속으로 외쳤습니다.

'할바마마! 보셨습니까? 백제 왕이 고구려 왕 앞에 무릎을 꿇었습니다. 그리고 다시는 침략하지 않겠다고 다짐했습니다. 선조들의 원한을 풀어 드렸으니 이제는 편안히 눈을 감으십시오.'

광개토 태왕의 눈에는 어느새 눈물이 고여 있었습니다.

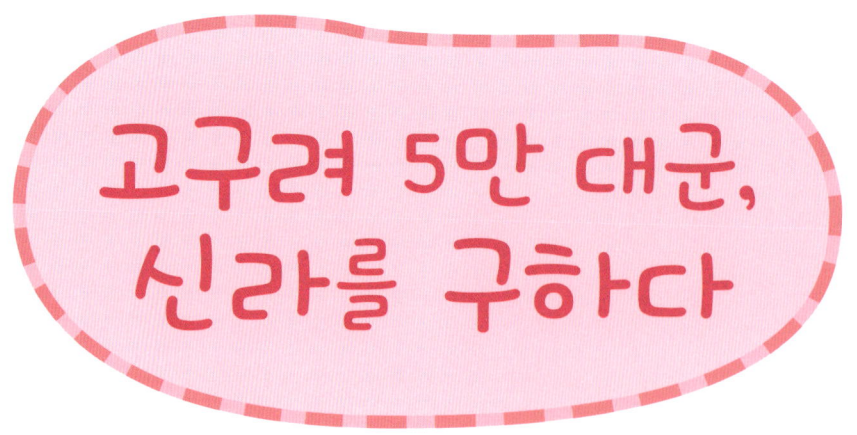

고구려 5만 대군, 신라를 구하다

400년 봄의 어느 날이었습니다.

신라의 사신이 광개토 태왕을 찾아와서, 신라 내물왕의 편지를 꺼내 바쳤습니다.

대왕마마, 저희 신라에 지원군을 보내 주십시오.
왜나라 군사들이 쳐들어와서 노략질을 하고,
저희 도성인 금성(지금의 경주)까지 넘보고 있습니다.

편지를 읽은 광개토 태왕은 사신에게 말했습니다.

"으음, 잘 알겠다. 사신은 신라로 돌아가서 왕께 이렇게 전하라. 우리가 곧 군대를 보내 줄 테니 조금만 참고 기다리라고 해라."

사신이 물러간 뒤, 대신 한 사람이 말했습니다.

"대왕마마, 신라에 군대를 보내서는 안 됩니다. 우리 도성을 비웠다가 북쪽의 후연이 그 틈을 노려 쳐들어오면 어쩌시렵니까? 신라는 너무나 먼 거리에 있지 않습니까?"

그 당시 고구려 북쪽에는 고구려의 원수 나라인 모용선비의 후손 모용수가 세운 후연이 세력을 떨치고 있었습니다.

고구려 제16대 고국원왕 때 고구려의 북쪽에는 선비족이 세운 나라인 우문선비, 단선비, 모용선비가 있었습니다. 그중에서도 모용선비가 가장 세력이 커서 자주 고구려로 쳐들어왔습니다.

342년 모용선비의 왕 모용황은 5만 대군을 이끌고 고구려를 공격해 왔습니다. 모용황의 대군은 고구려군을 물리치고 임시 수도인 환도성을 점령해 버렸습니다.

모용선비의 군사들은 집들을 불지르고, 재물과 양식을 강제로 빼앗았습니다. 또한 칼을 휘둘러 죄 없는 사람들을 마구 죽였습니다. 그러고는 환도성에 불을 지른 뒤, 제15대 미천왕의 무덤을 파헤쳐 그 시신과 고국원왕의 어머니, 아내, 그리고 5만 명의 백성들을 끌고 자기 나라로 돌아갔습니다. 이때부터 고구려는 모용선비를 원수 나라로 여겨 왔고, 모용선비의 후손이 세운 후연과도 원수처럼 지내고 있었습니다.

광개토 태왕은 잠시 생각에 잠겼다가 입을 열었습니다.

"그대의 생각도 틀린 것은 아니오. 하지만 왜나라 군사들이 건너와 행패를 부린다는데 어찌 가만히 있을 수 있겠소? 만일 우리가 도와주지 않으면 신라는 틀림없이 백제와 손잡고 고구려를 공격할 것이오."

광개토 태왕의 말에 대신들은 더 이상 반대하지 않았습니다. 마창 장군은 5만 대군을 이끌고 국내성을 출발했습니다. 늠름한 기병이 앞장서고 믿음직한 보병이 그 뒤를 따랐습니다. 고구려군이 신라의 금성에 다다랐을 때, 금성은 이미 왜군과 가야군에게 포위되어 있었습니다. 가야군이 왜군을 돕고 있었던 것입니다.

"병사들은 나를 따르라! 왜군과 가야군을 이 땅에서 몰아내자! 공격하라!"

마창 장군은 긴 칼을 뽑아 들고 목이 쉬어라 외쳤습니다.

"와와와! 몰아내자!"

"쳐부수자!"

고구려 군사들은 왜군과 가야군을 향해 성난 파도처럼 달려들었습니다.

"앗, 고구려군이다!"

"백제군에게 백전백승을 올렸다는 무서운 군대다! 달아나자!"

가야군은 고구려군이 몰려오자 싸울 생각을 하지 않았습니

다. 그저 정신없이 도망치기 바빴습니다.

　그것은 왜군도 마찬가지였습니다. 고구려군의 매서운 공격 앞에 어쩔 줄을 모르고 허둥지둥 달아났습니다. 신라군도 성문을 열고 나와 왜군을 공격했습니다. 왜군은 가야군을 따라

국경을 넘었습니다. 그리고 대가야(지금의 고령)까지 달아났습니다.

"왜군은 한 놈도 살려 보내선 안 된다!"

고구려군은 대가야까지 쫓아가 왜군을 닥치는 대로 죽였습니다. 왜군들이 무기를 버리고 엎드려 빌었습니다.

"제발 목숨만 살려 주십시오. 저희가 잘못했습니다."

마창 장군은 왜군 장수에게 호통을 쳤습니다.

"네 이놈! 남의 땅에 들어와 못된 짓을 하다니. 누구의 부탁으로 이 땅에 들어왔느냐?"

"저, 저희는 백제 아신왕이 도와달라고 해서 왔습니다. 신라를 같이 치자고 해서……."

"으음, 백제가 너희를 부추겨 신라를 치게 했구나. 신라를 손아귀에 넣은 뒤에는 우리 고구려를 노리겠지?"

마창 장군은 백제의 속셈을 훤히 읽고 있었습니다.

왜군과 가야군은 고구려군에게 항복했습니다.

마창 장군은 신라의 도성인 금성과 가야 지방에 군사를 일

무용총 무용도 | 중국 둥베이 지린 성 지안 현 퉁거우에 있는 고구려 고분 벽화로, 널방의 동벽에 그려져 있습니다.

부 남겨 두었습니다.

그리고 나머지 군사들을 데리고 고구려로 돌아왔습니다. 고구려가 신라로 지원군을 보낸 뒤부터 백제는 꼬리를 내리고 말았습니다. 고구려군에 맞서 봐야 이길 수 없다는 것을 알았기 때문입니다.

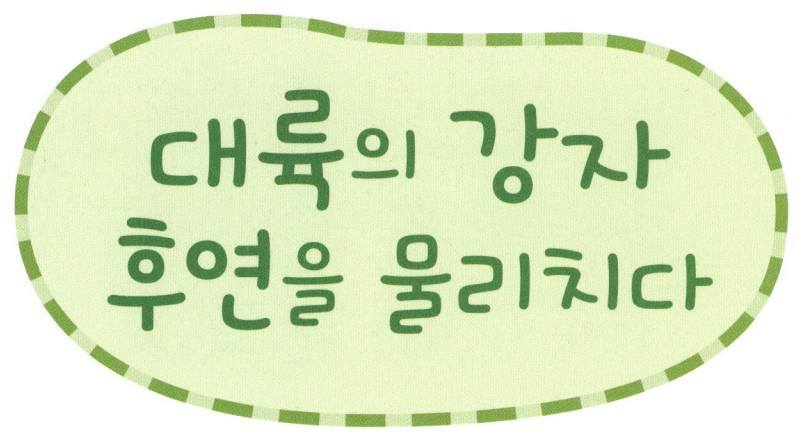

대륙의 강자 후연을 물리치다

햇살이 쏟아지는 한낮 오후였습니다. 커다란 느티나무 아래에서 씨름판이 벌어졌습니다. 웃통을 벗은 두 씨름꾼이 상대편 어깨에 턱을 고인 채 씨름을 하고 있었습니다.

"으랏차차!"

눈이 작은 씨름꾼이 젖 먹던 힘을 다해 상대방을 들어올리려고 했습니다. 그러자 눈이 부리부리한 씨름꾼은 기다렸다는 듯이 상대방의 다리에 자기 다리를 걸었습니다. 그리고 가볍게 상대방의 몸을 넘겨 땅바닥에 내동댕이쳤습니다.

"와아아!"

구경꾼들은 환호성을 올렸습니다. 눈이 부리부리한 씨름꾼의 승리였습니다.

"으아아아!"

그는 두 주먹을 불끈 쥐고 고함을 질렀습니다. 그러자 참으로 이상한 일이 벌어졌습니다. 씨름꾼의 몸이 점점 더 커지는 것이었습니다. 나중에는 산만큼 커져서, 두 팔을 벌려 하늘을 떠받치고 있었습니다.

"오, 대단하구나! 고구려에 저런 천하장사가 있었다니!"

광개토 태왕은 이렇게 소리치다가 잠이 깨었습니다.

'참으로 이상한 꿈이군. 오늘이 군대를 이끌고 후연을 치기로 한 날이어서 그런 꿈을 꾸었나?'

광개토 태왕은 희뿌옇게 밝아오는 창을 보며 생각에 잠겼습니다.

'후연과의 한판 싸움을 씨름에 비긴다면, 눈이 부리부리한 씨름꾼은 고구려라 할 수 있지. 우리 고구려가 후연과의 전쟁에서 반드시 승리하리라는 것을 꿈으로 미리 알려 준 게 아닐까? 씨름꾼이 어마어마하게 커져서 하늘을 떠받치는 것은, 고구려가 그만큼 커진다는 것이고…….'

광개토 태왕이 후연과의 전쟁을 준비해 온 것은 2년 전인 400년부터였습니다.

고구려의 5만 대군이 신라를 구하러 남쪽으로 내려간 사이, 후연군이 고구려로 쳐들어왔습니다. 그들은 단 한 번의 공격으로 신성(지금의 랴오닝 성 건창시)과 남소(지금의 허베이 성 청룽현)의 두 성을 점령하고, 고구려 700여 리의 땅을 빼앗았습니다.

뒤늦게 이런 사실을 알게 된 광개토 태왕은 이를 부득부득 갈았습니다.

'비겁한 놈들, 어디 두고 보자.'

광개토 태왕은 후연과의 대결을 더 이상 미루어 둘 수 없었습니다. 선조들의 원한을 갚기 위해서라도 후연과 전쟁을 치러야 했습니다.

402년 광개토 태왕은 2년 동안 전쟁 준비를 한 뒤 마침내 군사를 일으켰습니다.

고구려의 5만 대군은 후연을 공격하러 떠났습니다.

후연에게 빼앗겼던 신성과 남소의 두 성을 되찾은 뒤 랴오허 강(요하)에 이르렀습니다.

"이 강만 건너면 숙군성(지금의 조양시 부근)이로구나."

광개토 태왕은 강기슭에 서서 강물을 바라보았습니다.

그때 군사들이 말했습니다.

"강을 건너야 하는데 배가 없습니다."

"물이 깊고 물살이 세서 그냥 건널 수도 없습니다."

이때 미금 장군이 좋은 꾀를 생각해 내어 광개토 태왕에게 말했습니다.

"뗏목을 수십 개 만들어, 밤에 몰래 강을 건너게 하십시오. 그래서 후연의 배들을 밧줄로 묶어 끌어오는 겁니다."

"그거 좋은 생각이다. 당장 뗏목을 만들도록 하라."

뗏목이 만들어지자, 수십 명의 특공대원들은 뗏목을 타고

강을 건넜습니다.

그사이 고구려 군사들은 횃불놀이를 했습니다.

"불이 활활 잘 타올라야 한다. 저들이 횃불놀이에 넋을 잃도록 말이다."

횃불놀이는 후연 군사들의 관심을 다른 곳으로 돌리기 위한 속임수였습니다.

특공대원들은 닻줄을 자르고, 미리 준비한 밧줄로 배들을 묶었습니다. 그 밧줄의 다른 한쪽 끝은, 강 건너 고구려 진영에 있는 군사들이 쥐고 있었습니다.

특공대원들이 건너편 군사들에게 신호를 보냈습니다.

"밧줄을 끌어당겨라!"

고구려 군사들이 밧줄을 끌어당겼습니다. 그러자 후연의 배들이 고구려 진영으로 끌려왔습니다.

"성공이다. 이제 강을 건너는 일만 남았구나. 자, 서둘러 강을 건너라."

그날 밤, 광개토 태왕의 명령으로 고구려 군사들은 배를 타

고 무사히 강을 건넜습니다.

벌판을 진격해 가자 언덕에 성이 하나 솟아 있었습니다. 숙군성이었습니다. 광개토 태왕은 큰 소리로 외쳤습니다.

"고구려 병사들이여, 공격하라!"

"와! 와! 와!"

고구려 군사들이 몰려오자, 숙군성 성주 모용귀가 소리쳤습니다.

"성문을 굳게 잠가라! 우리한테는 일 년치 식량이 있으니 그냥 버티기만 하면 된다."

후연 군사들이 아무도 나오지 않자, 광개토 태왕은 작전을 바꾸었습니다.

"성 안으로 흐르는 물줄기를 막아라. 마실 물이 없으면 성문을 열지 않고는 못 배길 것이다."

그로부터 며칠 뒤, 성 안은 벌집을 쑤셔 놓은 듯 큰 소동이 일어났습니다. 마실 물이 모두 떨어진 것이었습니다. 후연 군사들은 밖에서 물을 길어 오려고 성문을 열었습니다.

바로 그 순간, 고구려 군사들이 성 안으로 뛰어 들어갔습니다. 미리 숨어서 성문이 열리길 기다리고 있었던 것입니다. 숙군성은 순식간에 광개토 태왕의 손에 넘어갔습니다. 성주인 모용귀는 어느새 뒷문으로 달아나고 없었습니다.

숙군성이 무너지자, 요동(지금의 랴오닝 성 랴오양 현) 땅은 고구려의 것이 되었습니다. 아버지 고국양왕이 잃었던 땅을 되찾은 것입니다.

광개토 태왕은 하늘을 우러러보며 눈시울을 붉혔습니다.

'아바마마, 기뻐해 주십시오. 선조들의 원한을 갚았습니다. 통쾌하게 복수를 한 것입니다.'

대륙의 강자였던 후연마저 물리침으로써, 고구려 주위에는 광개토 태왕에 맞설 세력이 없었습니다. 이제 고구려는 최고 강자로 우뚝 서게 되었습니다.

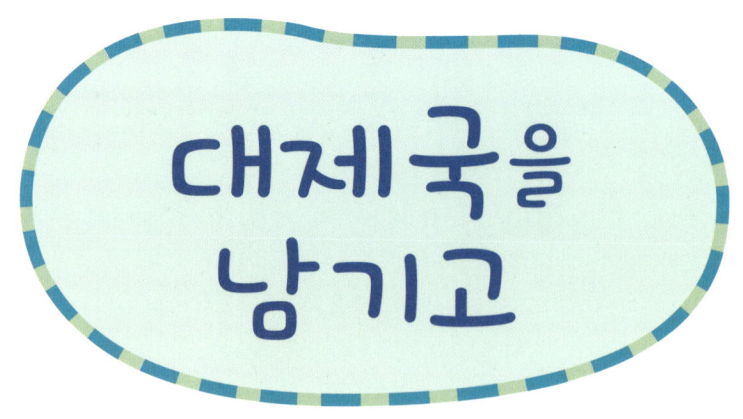

광개토 태왕이 마지막으로 고구려 동쪽에 있는 동부여를 정복한 것은 410년이었습니다.

동부여가 고구려 땅이 되자, 동부여 근처에 있는 미구류 등의 많은 귀족들이 광개토 태왕을 모시고자 고구려로 따라왔습니다. 그리하여 광개토 태왕은 피 한 방울 흘리지 않고 고구려의 동쪽 지방을 지배하게 되었습니다.

산이 단풍으로 곱게 물든 가을 어느 날이었습니다.

광개토 태왕은 거련 태자와 함께 백두산으로 갔습니다. 409

년에 태자가 된 거련은 열일곱 살의 씩씩한 젊은이로 자라 있었습니다. 광개토 태왕은 백두산 천지를 향해 오르며 거련에게 말했습니다.

"계곡을 타고 흐르는 저 물줄기를 보아라. 백두산 천지에서 흘러내려 압록강, 두만강으로 흐르고 있단다. 네가 꼭 알아 둘 것은 천지의 물이 흘러가는 곳에 있는 땅은 모두 우리 고구려 땅이라는 것이다. 나는 태자 시절 네 할아버지(고국양왕)와 함께 백두산에 와서 그 이야기를 들었다. 그때 나는 두 주먹을 불끈 쥐고 속으로 다짐했다. 천지의 물이 흘러가는 곳에 있는 우리 옛 고구려 땅을 되찾고야 말겠다고. 그러면서 백두산을 지키는 신령님께 빌었단다.

'신령님, 저를 도와주십시오. 우리 옛 고구려 땅을 되찾고, 영토를 크게 넓혀 고구려를 큰 나라로 만들겠습니다. 이 꿈이 이루어지는 날, 다시 찾아뵙고 인사를 올리겠습니다.'"

거련은 눈을 빛내며 말했습니다.

"아바마마, 그 꿈을 끝내 이루셨지 않습니까."

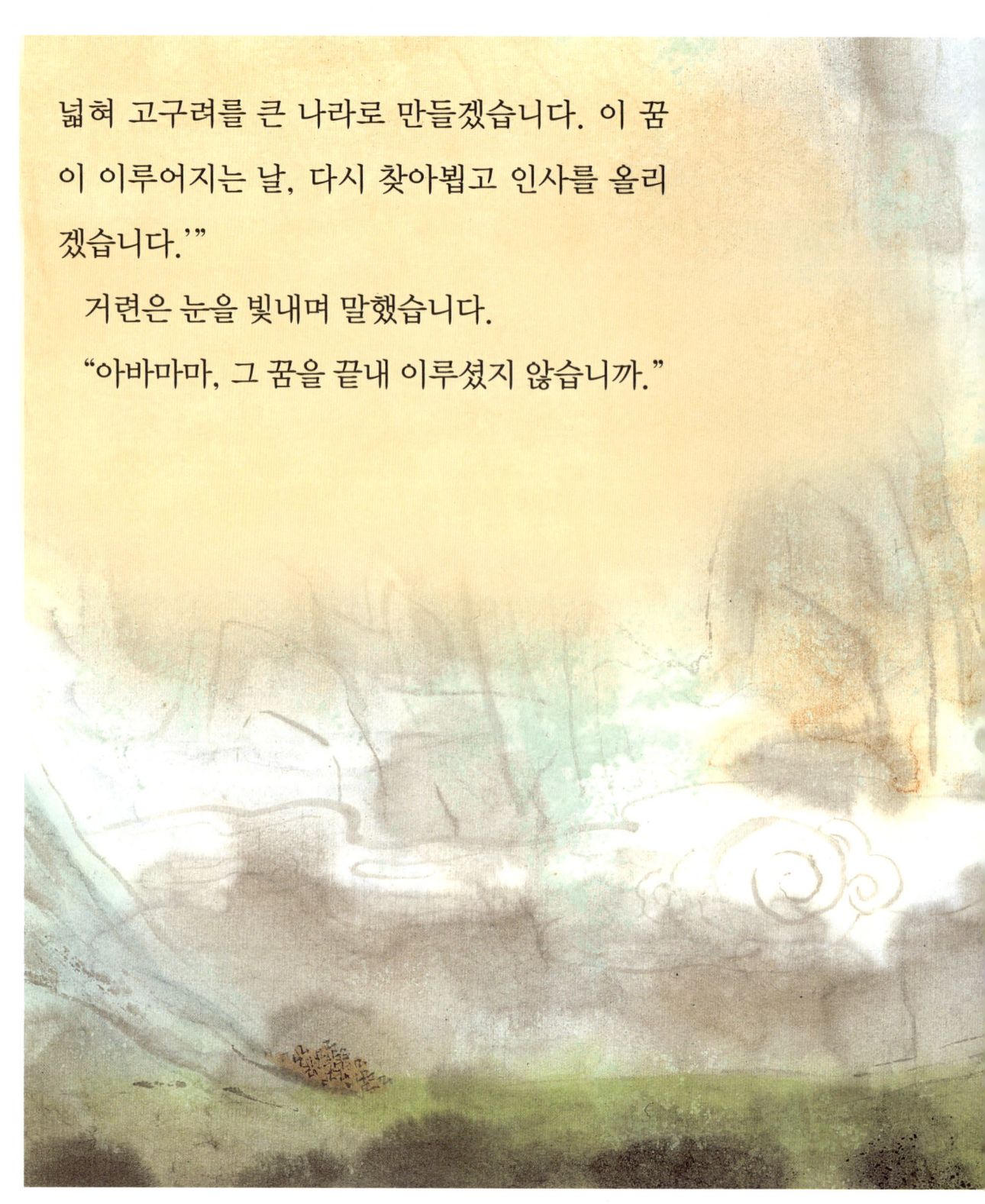

"그렇다. 이제 고구려는 한반도뿐 아니라 광활한 만주 땅을 지배하는 큰 나라가 되었다. 그래서 백두산 신령님께 감사 기도를 드리려고 이렇게 백두산에 온 거란다."

광개토 태왕은 백두산 신령님께 제사를 올렸습니다. 그리고 거련과 함께 산을 내려왔습니다.

광개토 태왕은 백두산에서 돌아온 뒤부터 점점 몸이 약해졌습니다. 시름시름 앓아눕는 날이 잦아졌습니다. 건강을 돌보지 않고 오랜 세월 전쟁터를 누비고 다닌 탓이었습니다. 광개토 태왕은 나날이 병이 깊어 갔습니다. 좋다는 약은 다 써 보았지만 아무 효험이 없었습니다.

412년 10월의 어느 날이었습니다. 광개토 태왕은 이제 죽을 날이 가까웠다는 것을 알아차렸습니다. 그래서 거련을 불러 앞혀 놓고 말했습니다.

"태자야, 우리가 지난번에 백두산을 오른 적 있었지? 그때 내가 천지로 가는 길에 있는 장백 폭포를 보고 무슨 생각을 했는지 아느냐? 압록강, 두만강을 향해 뻗어 가려고 무서운 기

세로 떨어지는 거대한 물줄기가 마치 우리 고구려 군대처럼 느껴졌단다. 우리 군대는 어디를 가든 거칠 것이 없고, 싸움을 했다 하면 물러서지 않고 끝까지 싸우지. 그런 면에서 보면 고구려군이 폭포 같지 않니?"

거련은 고개를 끄덕였습니다.

"정말 그렇군요. 천지의 물이 흘러가는 곳에 있는 땅이 모두 고구려 땅이니 물줄기는 고구려 군사들이에요."

"그래, 물러설 줄 모르고 싸우는 군사들이지. 그동안 나는 몸을 돌보지 않고 전쟁터를 누비며 군사들과 함께 지냈다. 그들이 죽음을 무릅쓰고 용감히 싸워 준 덕에 우리는 전쟁을 승리로 이끌었고, 넓은 영토를 얻게 되었지. 태자야, 이제 네가 왕이 되면 해야 할 일은 우리 땅을 지키는 것이다. 한 치의 땅도 외적에게 빼앗겨서는 안 된다."

"명심하겠습니다."

거련 태자는 광개토 태왕의 말을 귀담아들었습니다. 왕이 되면 반드시 부왕이 넓혀 놓은 땅을 지킬 뿐 아니라 한반도 남

쪽까지 넓히겠다고 결심했습니다.

광개토 태왕이 거련에게 한 말은 그대로 유언이 되었습니다. 그로부터 며칠 뒤, 광개토 태왕은 조용히 숨을 거두었던 것입니다. 서른아홉 살의 젊은 나이였습니다.

거련 태자는 광개토 태왕의 뒤를 이어 왕위에 올랐습니다. 이분이 바로 고구려 제20대 장수왕입니다.

광개토 태왕릉비 | 중국 둥베이 지린 성 지안 현 퉁거우에 있는 고구려 제19대 광개토 태왕의 능비. 비신 높이 5.34m, 각 면 너비 1.5m. '호태왕 비'라고도 합니다. 광개토 태왕의 아들 장수왕이 세웠습니다.

장수왕은 414년에 광개토 태왕의 업적을 기리는 큰 비석을 국내성 동쪽 언덕에 세웠습니다.

광개토 태왕의 삶

연 대	발 자 취
374년(1세)	소수림왕의 아우인 이련의 아들로 국내성에서 탄생하다. 이름은 담덕. 아들이 없는 소수림왕에게 귀여움을 받으며 자라다.
380년(7세)	무예를 배우기 시작하다.
384년(11세)	소수림왕이 세상을 떠나자, 아버지 이련(고국양왕)이 왕위에 오르다.
386년(13세)	태자가 되다.
391년(18세)	고국양왕이 세상을 떠나자 왕위에 오르다.
392년(19세)	7월, 백제를 공격하여 석현성 등 10여 개의 성을 빼앗다. 9월, 고구려 북쪽의 거란을 무찌르다. 10월, 백제의 관미성을 빼앗다.
393년(20세)	관미성을 되찾으려고 쳐들어온 백제군을 물리치다.
394년(21세)	7월, 수곡성으로 쳐들어온 백제군을 물리치다.
395년(22세)	대동강에서 백제군을 물리치다. 내몽골 시라무룬 강 유역의 거란을 정벌하다. 청목령을 공격해 온 백제군을 물리치다.
396년(23세)	기병과 보병, 수군을 거느리고 백제를 쳐서 58개의 성과 700개의 고을을 빼앗다. 한성을 점령하여 백제 아신왕의 항복을 받다.
398년(25세)	동만주의 숙신족을 정벌하다.
400년(27세)	신라 내물왕의 요청으로 5만의 지원군을 신라로 보내 왜군과 가야군을 무찌르다. 후연에게 신성과 남소의 두 성을 빼앗기다.
402년(29세)	후연을 공격하여 신성과 남소의 두 성을 되찾고 숙군성을 점령하다.
405년(32세)	요동성을 공격해 온 후연을 물리치다.
406년(33세)	목저성을 공격해 온 후연을 물리치다. 대궐을 수리하다.
407년(34세)	후연이 망하고 고구려인 고운이 북연을 세우다. 북연은 고구려에 신하 나라가 되다.
409년(36세)	왕자 거련을 태자로 삼다.
410년(37세)	동부여를 정벌하다.
412년(39세)	10월, 세상을 떠나다. 태자 거련(장수왕)이 왕위에 오르다.
414년	장수왕이 광개토 태왕의 업적을 기리는 광개토 태왕릉비를 국내성 동쪽 언덕에 세우다.

1. 광개토 태왕은 왜 백제의 관미성을 빼앗으려 했나요?

2. 신라 내물왕은 광개토 태왕에게 편지를 보내 왜나라 군사가 쳐들어왔으니 지원군을 보내달라고 합니다. 이에 대해 광개토 태왕은 어떻게 행동했나요? 그리고 그 행동을 보고 느낀 점을 말해 보세요.

> 400년 봄의 어느 날이었습니다.
> 　신라의 사신이 광개토 태왕을 찾아와서, 신라 내물왕의 편지를 꺼내 바쳤습니다.
>
> 　대왕마마, 저희 신라에 지원군을 보내 주십시오.
> 　왜나라 군사들이 쳐들어와서 노략질을 하고,
> 　저희 도성인 금성(지금의 경주)까지 넘보고 있습니다.

3. 아신왕이 군사를 이끌고 청목령(지금의 개성)을 쳐들어왔을 때 광개토 태왕은 백제군의 패배를 예상했습니다. 어째서일까요?

> 395년 아신왕은 군사들을 거느리고 청목령(지금의 개성)을 치러 떠났습니다. 이 소식을 들은 광개토 태왕은 자신만만하게 말했습니다.
> "100만 대군이 온다고 해도 우리 성을 함락시키진 못한다. 두고 봐라."

4. 고구려는 후연과 사이가 좋지 않았습니다. 그 이유를 말해 보세요.

5. 고구려가 쳐들어오자 백제의 아신왕은 싸움도 하지 않고 광개토 태왕에게 항복을 했습니다. 아신왕의 행동에 대해 찬성과 반대 의견을 말해 보세요.

> "우리는 고구려를 이길 힘이 없다. 당장 맞붙어 싸운다면 질 것이 뻔하다. 백성들의 피를 흘리게 하는 이런 싸움은 뭐 하러 하는가? 나는 항복을 택하겠다. 그렇지만 다시 세력을 키워 훗날 반드시 복수할 것이다."
> 아신왕은 이렇게 말한 뒤 시종들에게 명하였습니다.
> "고구려 왕을 만나러 갈 것이다. 예물을 준비하라."
> 아신왕은 수레에 베 1천 필을 싣고 성문을 나섰습니다.

· 찬성 :

· 반대 :

1. 예시 : 조상의 원한이 서린 백제를 무너뜨리려면 도성인 한성을 점령해야 하는데, 그러기 위해서는 먼저 관미성(지금의 강화도)을 빼앗아야 한다. 관미성만 손에 넣는다면 한성까지 쉽게 쳐들어갈 수 있기 때문이다.

2. 예시 : 대신들은 반대를 했지만, 광개토 태왕은 신라의 지원군 요청에 흔쾌히 응하였다. 신라를 도와주지 않으면 신라가 백제와 손을 잡고 고구려를 공격할 것을 염려했기 때문이었다. 당장의 위험보다도 앞날에 있을 수 있는 더 큰 위험을 미리 내다본 광개토 태왕의 지혜가 놀랍다.

3. 예시 : 아신왕이 쳐들어왔을 때는 한겨울이었다. 광개토 태왕은 곧 강추위가 오면 백제군이 힘을 잃을 것을 알았기에 백제군의 패배를 점쳤던 것이다.

4. 예시 : 고구려 제16대 고국원왕 때 고구려 북쪽에는 선비족이 세운 나라인 우문선비, 단선비, 모용선비가 있었다. 342년 모용선비의 왕 모용황이 5만 대군을 이끌고 고구려를 공격해 왔다. 모용황의 대군은 고구려군을 물리치고 임시 수도인 환도성을 점령한 뒤 죄 없는 사람들을 마구 죽였으며, 집들을 불 지르고, 재물과 양식을 강제로 빼앗았다. 더욱이 제15대 미천왕의 무덤을 파헤쳐 그 시신과 고국원왕의 어머니, 아내, 그리고 5만 명의 백성들을 끌고 자기 나라로 돌아갔다. 이때부터 고구려는 모용선비를 원수 나라로 여겼고, 모용선비의 후손이 세운 후연과도 원수처럼 지내게 되었다.

5. 예시 : · 찬성-고구려를 이길 힘도 없으면서 맞붙어 싸운다는 것은 어리석은 짓이다. 싸움으로 많은 백성들이 죽거나 다칠 것은 불을 보듯 뻔하기 때문이다. 따라서 지금은 항복을 하고, 훗날 힘을 길러 복수를 하는 것이 더 낫다고 판단한 아신왕의 행동은, 지혜로운 결정이었다. · 반대-싸워 보지도 않고 질 것이라고 생각하는 것은 나약한 생각이다. 모든 백성이 죽기를 각오하고 싸운다면, 고구려를 이길 수도 있었을 것이다. '살고자 하면 죽을 것이고, 죽고자 하면 산다.' 했으며, '길고 짧은 것은 대어 봐야 안다.'는 말도 있다. 순순히 항복을 한 아신왕의 결정은 경솔한 행동이었다.

역사 속에 숨은 위인을 만나 보세요!

한국사 연표

광개토태왕	(374~412)
연개소문	(?~666)
을지문덕	(?~?)
김유신	(595~673)
대조영	(?~719)
왕건	(877~943)
장보고	(?~846)
강감찬	(948~1031)
최무선	(1328~1395)
황희	(1363~1452)
세종대왕	(1397~1450)
장영실	(?~?)
신사임당	(1504~1551)
이이	(1536~1584)
허준	(1539~1615)
유성룡	(1542~1607)
한석봉	(1543~16??)
이순신	(1545~15??)
오성	(1556~1618)
한음	(1561~1613)

주요 사건

- 고조선 건국 (B.C. 2333)
- 철기 문화 보급 (B.C. 300년경)
- 고조선 멸망 (B.C. 108)
- 고구려 불교 전래 (372)
- 신라 불교 공인 (527)
- 고구려 살수 대첩 (612)
- 신라 삼국 통일 (676)
- 대조영 발해 건국 (698)
- 장보고 청해진 설치 (828)
- 견훤 후백제 건국 (900)
- 궁예 후고구려 건국 (901)
- 왕건 고려 건국 (918)
- 귀주 대첩 (1019)
- 윤관 여진 정벌 (1107)
- 고려 강화로 도읍 옮김 (1232)
- 개경 환도, 삼별초 대몽 항쟁 (1270)
- 문익점 원에서 목화씨 가져옴 (1363)
- 최무선 화약 만듦 (1377)
- 조선 건국 (1392)
- 훈민정음 창제 (1443)
- 임진왜란 (1592~1598)
- 한산도 대첩 (1592)
- 허준 동의보감 완성 (1610)
- 병자호란 (1636)
- 상평통보 전국 유통 (1678)

시대 구분

B.C.	선사 시대 및 연맹 왕국 시대	A.D. 삼국 시대	698 남북국 시대	918 고려 시대	1392

연도: 2000 B.C. | 500 | 400 | 300 | 100 | 0 | 300 | 500 | 600 | 800 | 900 | 1000 | 1100 | 1200 | 1300 | 1400 | 1500 | 1600

세계사 연표

B.C.	고대 사회	A.D. 375	중세 사회	1400

주요 사건

- 중국 황하 문명 시작 (B.C. 2500년경)
- 인도 석가모니 탄생 (B.C. 563년경)
- 알렉산더 대왕 동방 원정 (B.C. 334)
- 크리스트교 공인 (313)
- 게르만 민족 대이동 시작 (375)
- 로마 제국 동서로 분열 (395)
- 수나라 중국 통일 (589)
- 수 멸망 당나라 건국 (618)
- 이슬람교 창시 (610)
- 러시아 건국 (862)
- 거란 건국 (918)
- 송 태종 중국 통일 (979)
- 제1차 십자군 원정 (1096)
- 테무친 몽골 통일 칭기즈 칸이 됨 (1206)
- 원 제국 성립 (1271)
- 원 멸망 명 건국 (1368)
- 잔 다르크 영국군 격파 (1429)
- 구텐베르크 금속 활자 발명 (1450)
- 코페르니쿠스 지동설 주장 (1543)
- 도요토미 히데요시 일본 통일 (1590)
- 독일 30년 전쟁 (1618)
- 영국 청교도 혁명 (1642~164?)
- 뉴턴 만유인력 법칙 발견 (1665)

인물

- 석가모니 (B.C. 563?~B.C. 483?)
- 예수 (B.C. 4?~A.D. 30)
- 칭기즈 칸 (1162~1227)

한국사

정약용	(1762~1836)
김정호	(?~?)
최제우	
주시경	(1876~1914)
김구	(1876~1949)
안창호	(1878~1938)
안중근	(1879~1910)
우장춘	(1898~1959)
방정환	(1899~1931)
유관순	(1902~1920)
윤봉길	(1908~1932)
이중섭	(1916~1956)
백남준	(1932~2006)
이태석	(1962~2010)

주요 사건

- 이승훈 천주교 전도 (1784)
- 최제우 동학 창시 (1860)
- 김정호 대동여지도 제작 (1861)
- 강화도 조약 체결 (1876)
- 지석영 종두법 전래 (1879)
- 갑신정변 (1884)
- 동학 농민 운동, 갑오개혁 (1894)
- 대한 제국 성립 (1897)
- 을사조약 (1905)
- 헤이그 특사 파견, 고종 퇴위 (1907)
- 한일 강제 합방 (1910)
- 3·1 운동 (1919)
- 어린이날 제정 (1922)
- 윤봉길·이봉창 의거 (1932)
- 8·15 광복 (1945)
- 대한민국 정부 수립 (1948)
- 6·25 전쟁 (1950~1953)
- 10·26 사태 (1979)
- 6·29 민주화 선언 (1987)
- 서울 올림픽 개최 (1988)
- 북한 김일성 사망 (1994)
- 의약 분업 실시 (2000)

시대 구분

조선 시대 | 1876 개화기 | 1897 대한 제국 | 1910 일제 강점기 | 1948 대한민국

연도

1700 | 1800 | 1850 | 1860 | 1870 | 1880 | 1890 | 1900 | 1910 | 1920 | 1930 | 1940 | 1950 | 1970 | 1980 | 1990 | 2000

세계사

근대 사회 | 1900 현대 사회

주요 사건

- 미국 독립 선언 (1776)
- 프랑스 대혁명 (1789)
- 청·영국 아편 전쟁 (1840~1842)
- 미국 남북 전쟁 (1861~1865)
- 베를린 회의 (1878)
- 청·프랑스 전쟁 (1884~1885)
- 청·일 전쟁 (1894~1895)
- 헤이그 평화 회의 (1899)
- 영·일 동맹 (1902)
- 러·일 전쟁 (1904~1905)
- 제1차 세계 대전 (1914~1918)
- 러시아 혁명 (1917)
- 세계 경제 대공황 시작 (1929)
- 제2차 세계 대전 (1939~1945)
- 태평양 전쟁 (1941~1945)
- 국제 연합 성립 (1945)
- 소련 세계 최초 인공위성 발사 (1957)
- 제4차 중동 전쟁 (1973)
- 소련 아프가니스탄 침공 (1979)
- 미국 우주 왕복선 콜럼비아호 발사 (1981)
- 독일 통일 (1990)
- 유럽 11개국 단일 통화 유로화 채택 (1998)
- 미국 9·11 테러 (2001)

인물

워싱턴	(1732~1799)
페스탈로치	(1746~1827)
모차르트	(1756~1791)
나폴레옹	(1769~1821)
링컨	(1809~1865)
나이팅게일	(1820~1910)
파브르	(1823~1915)
노벨	(1833~1896)
에디슨	(1847~1931)
가우디	(1852~1926)
라이트 형제	(형, 윌버 1867~1912 / 동생, 오빌 1871~1948)
마리 퀴리	(1867~1934)
간디	(1869~1948)
아문센	(1872~1928)
슈바이처	(1875~1965)
아인슈타인	(1879~1955)
헬렌 켈러	(1880~1968)
테레사	(1910~1997)
만델라	(1918~2013)
마틴 루서 킹	(1929~1968)
스티븐 호킹	(1942~2018)
오프라 윈프리	(1954~)
스티브 잡스	(1955~2011)
빌 게이츠	(1955~)

2023년 1월 15일 2판 5쇄 **펴냄**
2013년 11월 25일 2판 1쇄 **펴냄**
2008년 4월 15일 1판 1쇄 **펴냄**

펴낸곳 (주)효리원
펴낸이 윤종근
글쓴이 신현배 · **그린이** 김태현
사진 제공 중앙포토
등록 1990년 12월 20일 · **번호** 2-1108
우편 번호 03147
주소 서울시 종로구 삼일대로 457, 406호
전화 02)3675-5222 · **팩스** 02)765-5222
ⓒ 2008 · 2013, (주)효리원

잘못 만들어진 책은 구입하신 서점에서 바꾸어 드립니다.
ISBN 978-89-281-0307-2 64990

이메일 hyoreewon@hyoreewon.com
홈페이지 www.hyoreewon.com